SIELE C1 - DELE C1
2021

*15 textos para completar con
196 preguntas tipo test*

*Al final del libro se incluye un glosario COVID-19:
67 términos con sus respectivas definiciones*

Vanesa Fuentes

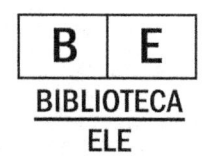

B | E
BIBLIOTECA
ELE

OTROS LIBROS DE LA COLECCIÓN

Supera el DELE A2 - 2021 - Comprensión de Lectura y Expresión Escrita.

3 modelos de comprensión de lectura y expresión escrita. 9 ejemplos de redacción comentados y realizados según los criterios oficiales del Instituto Cervantes. Incluye soluciones.
https://amzn.to/2Ly5bcd

Complementa el DELE A2 - 2021 - 300 preguntas tipo test con soluciones.

Repasa conceptos gramaticales y revisa el léxico propio del nivel. El objetivo es mejorar la capacidad de expresarse con corrección en las pruebas de expresión e interacción del DELE A2, en la parte oral y en la escrita. Incluye soluciones.
https://amzn.to/3rLmNkC

RECOMENDADOS TAMBIÉN PARA PREPARAR EL NIVEL C1 :

Supera el DELE B2 - 2021 - Comprensión de Lectura y Expresión Escrita.

3 modelos de comprensión de lectura y expresión escrita. 9 ejemplos de redacción comentados y realizados según los criterios oficiales del Instituto Cervantes. (+ 3 audiciones para la Tarea 1). Incluye soluciones y glosario COVID-19 con 67 términos y definiciones.
https://amzn.to/3rtApka

Complementa el DELE B2 - 2021 - 200 preguntas tipo test con soluciones.

Repasa conceptos gramaticales y revisa el léxico propio del nivel. El objetivo es mejorar la capacidad de expresarse con corrección en las pruebas de expresión e interacción del DELE B2, en la parte oral y en la escrita. Incluye soluciones y glosario COVID-19 con 67 términos y definiciones.
https://amzn.to/3uodMQz

SIELE C1 - DELE C1 - 2021: 15 textos para completar con 196 preguntas tipo test fue publicado en marzo de 2021

Vanesa Fuentes © (Excepto para los textos distribuidos con licencia CC BY-SA)

ÍNDICE

Página

Introducción	4
TEXTOS PARA EL DELE C1	5
Texto nº 1 (texto + preguntas + soluciones)	7
Texto nº 2 (texto + preguntas + soluciones)	11
Texto nº 3 (texto + preguntas + soluciones)	15
Texto nº 4 (texto + preguntas + soluciones)	19
Texto nº 5 (texto + preguntas + soluciones)	23
Texto nº 6 (texto + preguntas + soluciones)	27
Texto nº 7 (texto + preguntas + soluciones)	31
Texto nº 8 (texto + preguntas + soluciones)	35
TEXTOS PARA EL SIELE C1	39
Texto nº 9 (texto + preguntas + soluciones)	41
Texto nº 10 (texto + preguntas + soluciones)	45
Texto nº 11 (texto + preguntas + soluciones)	49
Texto nº 12 (texto + preguntas + soluciones)	53
Texto nº 13 (texto + preguntas + soluciones)	57
Texto nº 14 (texto + preguntas + soluciones)	61
Texto nº 15 (texto + preguntas + soluciones)	65
Glosario COVID-19	69
Información final	77

INTRODUCCIÓN

Este manual está recomendado para las personas que quieren mejorar su nivel C1 de español. Está basado en la tarea 5 de la prueba de comprensión de lectura y uso de la lengua de los exámenes SIELE y DELE. Se presentan 15 textos periodísticos con vocabulario variado (económico, científico, literario, etc.). Hay que completar los textos con las opciones propuestas en cada pregunta. En total son 196 preguntas de respuesta múltiple que tratan el léxico y las dificultades gramaticales del nivel avanzado. Para su elaboración se han seguido los criterios oficiales del Instituto Cervantes. También se incluyen las soluciones y un glosario COVID-19 con 67 términos y definiciones.

El equipo de BIBLIOTECA ELE puede ayudarte en la preparación de tus diplomas de español A1, A2, B1, B2, C1 y C2. Contamos con un equipo experimentado de profesores nativos españoles. Permanece atento/a a nuestro canal de Youtube para conocer nuestras últimas novedades.

Link al canal de Youtube de BIBLIOTECA ELE:

https://cutt.ly/kjBvosH

Código QR del canal de Youtube de BIBLIOTECA ELE:

Si quieres contactarnos, podrás hacerlo en el correo electrónico que encontrarás en la última página de este libro.

¡BUENA SUERTE!

TEXTOS PARA EL DELE C1

TAREA 5 - COMPRENSIÓN DE LECTURA Y USO DE LA LENGUA

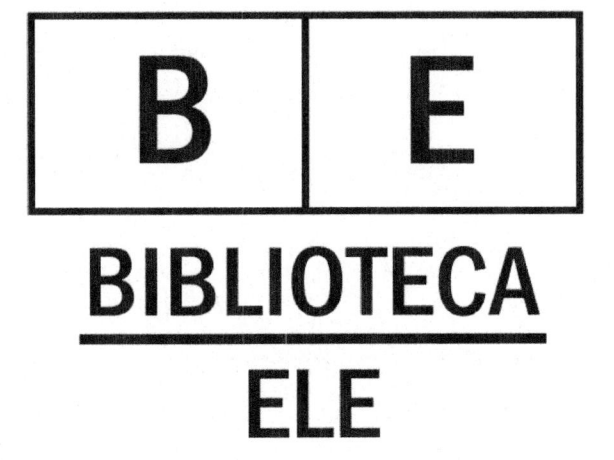

TEXTO Nº 1

INSTRUCCIONES

Lea el texto y rellene los huecos con la opción correcta (a / b / c).

LOS OCÉANOS

Menos de un 20% de los océanos ha sido explorado hasta el día de hoy. Es poco. Pero es lo suficiente para que ya se ___1___ que están amenazados por el calentamiento climático, la acidificación y la contaminación. El blanqueo de los arrecifes coralinos tan sólo es un ejemplo, entre ___2___ muchos, de la degradación de los ecosistemas marinos. Las consecuencias no son solamente medioambientales. Los medios de subsistencia de unos tres mil millones de habitantes del planeta dependen directamente ___3___ la diversidad biológica de los mares y zonas costeras. ___4___ 2050, las zonas costeras que albergan a más de 300 millones de personas podrían ___5___ en peligro por la subida del nivel del mar vinculada al cambio climático.

El Decenio de las Naciones Unidas de las Ciencias Oceánicas para el Desarrollo Sostenible (2021-2030) es una buena ocasión para recordar la magnitud de los problemas que actualmente ___6___ esa situación y también para compartir entre todos las soluciones innovadoras que se van perfilando para ___7___. Con las actividades del Decenio también se pretende atraer la atención de la opinión pública ___8___ el papel decisivo que desempeña la investigación científica en mejorar nuestro conocimiento de los océanos y reforzar su resiliencia. ___9___ y cuando los investigadores ___10___ medios suficientes. Ahora bien, según el *Informe Mundial sobre las Ciencias Oceánicas*, publicado por la Comisión Oceanográfica Intergubernamental de la UNESCO (COI-UNESCO), los Estados solo dedican en promedio el 1,7% de sus presupuestos de investigación a las ciencias del mar.

Los océanos tienen un papel fundamental en la regulación del clima, ___11___ absorben prácticamente un tercio de las emisiones de dióxido de carbono. Fuentes de vida, son por tanto esenciales para el destino de la humanidad. ___12___, desde hace mucho tiempo, sean un escenario preferente de la cooperación internacional. Un destacado ejemplo de esto es el Sistema de Alerta contra los Tsunamis y Atenuación de sus Efectos en el Pacífico, creado en 1965 bajo los ___13___ de la UNESCO. El éxito de este dispositivo ha hecho que sirva de modelo para la creación de otros sistemas similares en otras regiones del globo. ___14___ aquí una buena prueba de cómo la comunidad internacional sabe superar sus diferencias para cooperar en beneficio del interés general. Una razón más para movilizarse a favor de la protección de los océanos.

Agnès Bardon

Texto adaptado de "El Correo de la UNESCO" y distribuido con la misma licencia CC-BY-SA. La presente publicación no es una publicación oficial de la UNESCO y no debe considerarse como tal.
https://es.unesco.org/courier/2021-1/editorial

OPCIONES

1. a) sabe	b) sepa	c) sabrá
2. a) otros	b) varios	c) bien
3. a) de	b) en	c) para
4. a) Desde hace	b) Antes	c) De aquí a
5. a) ser	b) llevar	c) estar
6. a) suscite	b) plantea	c) plantee
7. a) resolverlas	b) resolverles	c) resolverlos
8. a) sobre	b) hasta	c) contra
9. a) Así	b) Siempre	c) Como
10. a) dispongan de	b) gocen	c) atesoran
11. a) si bien	b) ya que	c) entonces
12. a) Sin embargo	b) Por lo tanto	c) De ahí que
13. a) hospicios	b) augurios	c) auspicios
14. a) He	b) Como	c) Desde

RESPUESTAS - TEXTO Nº 1									
1b	2a	3a	4c	5c	6b	7c	8a	9b	10a
11b	12c	13c	14a						

INSTRUCCIONES

Lea el texto y rellene los huecos con la opción correcta (a / b / c).

COVID EN MADRID

El primer *Informe Epidemiológico Vigilancia de Covid-19,* publicado ___1___ martes por la Consejería de Sanidad de la Comunidad de Madrid, confirma que la mayor cantidad de ___2___ de contagios detectados en la región se ha producido en el ámbito denominado "colectivo y de actividades sociales", en el que se incluyen bares, locales de ocio y comercios, ___3___ otros.

La fecha de inicio de la estadística se corresponde con la semana 27 de 2020, cuando comenzaron las notificaciones ___4___ nivel nacional. La investigación considera brote de covid-19 "___5___ agrupación de 3 o más casos con infección activa en los que se ha establecido un vínculo epidemiológico", explican en el informe elaborado desde la Subdirección General de Epidemiología.

El documento, aunque recoge solo 12.776 contagios de los más de 400.000 que se han producido desde el 29 de junio, relativiza las afirmaciones ___6___ por la presidenta de la Comunidad de Madrid y sus socios políticos, que suelen culpabilizar al "ámbito familiar" como el origen de la mayor cantidad de brotes.

Si se tiene en cuenta solo la última semana, es el ámbito educativo ___7___ con 20 brotes y 108 casos asociados, seguido del laboral. La estadística demuestra también el bajo nivel contagios en ámbitos de colectivos vulnerables (centros de acogida, albergues,

___8___ tutelados), muchas veces estigmatizados por su vinculación con personas migrantes.

Desde las 00.00 horas de este jueves, la Comunidad de Madrid retrasa el inicio del toque de ___9___ a las 22 horas y el cierre de la hostelería a las 23. También habrá excepciones en la hostelería, cines, teatros y espacios similares. ___10___ permitirá tener un cierre flexible, pero no podrán admitir público a partir de las 22 horas.

La nueva disposición horaria ___11___ anunciada siete días atrás por el viceconsejero de Sanidad de la Comunidad de Madrid, Antonio Zapatero, e incluso publicada en el Boletín Oficial al día siguiente, pese a que quedaba supeditada a la evolución de los contagios durante esta semana.

___12___ la tasa de contagios sigue siendo alta, la tendencia a la baja de los distintos indicadores ha terminado ___13___ confirmar la aplicación de las nuevas medidas a partir de este jueves. Esta semana la ___14___ registrada es de 571 casos cada 100.000 habitantes.

Pablo 'Pampa' Sainz
Texto adaptado de "elsaltodiario.com" y distribuido con la misma licencia CC-BY-SA. https://www.elsaltodiario.com/coronavirus/mayor-cantidad-brotes-covid-producen-actividades-sociales-trabajo

OPCIONES

1. a) dicho   b) este   c) ese

2. a) grumos   b) implantes   c) brotes

3. a) entre   b) en   c) para

4. a) a   b) en   c) sobre

5. a) cualquiera   b) cualquier   c) cualesquiera

6. a) tenidas   b) contenidas   c) sostenidas

7. a) el que destaca   b) en que destaca   c) lo que destaque

8. a) eriales   b) pisos   c) bares

9. a) quietud   b) quieta   c) queda

10. a) Se les   b) Se los   c) Se le

11. a) ha estado   b) estará   c) había sido

12. a) Si bien   b) Así   c) A causa de

13. a) en   b) por   c) para

14. a) insuficiencia   b) incidencia   c) indolencia

RESPUESTAS - TEXTO Nº 2									
1b	2c	3a	4a	5b	6c	7a	8b	9c	10a
11c	12a	13b	14b						

TEXTO Nº 3

INSTRUCCIONES

Lea el texto y rellene los huecos con la opción correcta (a / b / c).

¿A QUIÉN BENEFICIA LO ÉTNICO?

Los motivos calificados de "étnicos" ___1___ tendencia. Retomados por los diseñadores y las grandes marcas, adornan artículos de moda que se venden en el mundo entero, a menudo sin consultar previamente a las comunidades de las que proceden.

La globalización, las nuevas tecnologías o la movilidad geográfica aceleran la difusión de la información, dando a la diversidad cultural una ___2___ mundial que no había tenido antes. Las repercusiones son dobles y paradójicas: ___3___ la falta de mecanismos de protección de los derechos culturales colectivos, se facilita el acceso descontextualizado a iconografías, formas y uso por parte de empresas ajenas a la comunidad productora, que ___4___ exhiben una actitud que podríamos calificar de neocolonialista.

Entre 2012 y 2019, la ONG *Impacto* documentó al menos 39 casos de apropiación en el campo textil por parte de 23 marcas de moda de todo el mundo. Este tipo de prácticas ___5___ objeto de denuncias en los medios de comunicación continuamente. ___6___, los abusos continúan y los casos de reconocimiento y sanción son escasísimos. Las comunidades afectadas no pueden ___7___ constatar, impotentes, cómo las empresas locales, la

15

industria y las grandes marcas internacionales parecen haber descubierto un ___8___ de oro, una nueva tendencia de moda y decoración "étnica" sin dueño aparente ni protección legal vigente. Más bien se multiplican los ejemplos sin que nadie ___9___ inquietarse, lo cual aumenta los sentimientos de agravio, indignación y despojo.

El problema radica ___10___ que los sistemas normativos de las Leyes de la Propiedad Intelectual e Industrial y la demanda de diversos pueblos originarios parten de filosofías y cosmovisiones ___11___ opuestas, en las que los conceptos de propiedad y de patrimonio no se ven ni se viven de la misma forma.

En este contexto, la reciente reforma de la Ley Federal mexicana del Derecho de Autor va ___12___ la buena dirección. ___13___, está en debate una ley de salvaguardia que sancione el plagio de los elementos de la cultura e identidad de los pueblos y comunidades autóctonas. ___14___ ley creará un sistema de protección, defensa, identificación, documentación, investigación, promoción, valorización, transmisión y revitalización de esos elementos por parte de la Federación, los estados y las municipalidades.

Marta Turok

Texto adaptado de "El Correo de la UNESCO" y distribuido con la misma licencia CC-BY-SA. La presente publicación no es una publicación oficial de la UNESCO y no debe considerarse como tal.

https://es.unesco.org/courier/2021-1/quien-beneficia-lo-etnico

OPCIONES

1. a) están   b) son   c) restan

2. a) visibilidad b) vista   c) apatía

3. a) antes de   b) después de   c) ante

4. a) a menudo   b) nunca   c) en el pasado

5. a) suponen   b) son   c) están

6. a) Aunque   b) Por suerte   c) Sin embargo

7. a) nunca   b) sino   c) pero

8. a) veta   b) filón   c) precio

9. a) se asemeje   b) se asemeja   c) parezca

10. a) en   b) sobre   c) de

11. a) jamás   b) tanto   c) diametralmente

12. a) sin   b) en   c) contra

13. a) No obstante b) Al contrario c) Asimismo

14. a) Dicho   b) Dicha   c) Aquella

RESPUESTAS - TEXTO Nº 3

1b	2a	3c	4a	5b	6c	7b	8b	9c	10a
11c	12b	13c	14b						

SIELE C1 - DELE C1 - 2021

TEXTO Nº 4
INSTRUCCIONES

Lea el texto y rellene los huecos con la opción correcta (a / b / c).

LA PANDEMIA DISPARA LAS CIFRAS DEL DESEMPLEO

Es la ___1___ cifra desde 2017: el primer año de la pandemia concluyó con más de un millón de hogares españoles con todos sus miembros ___2___. El dato de 2020 supone un aumento de un 18,1% respecto a 2019.

La tasa de desempleo se situó en el 16,1% y el número total de personas paradas llegó a 3.719.800. Son los peores datos desde 2012 y frenan los descensos que se venían produciendo ___3___ siete años.

En el cuarto trimestre la ocupación ha subido. "Hay que tener en cuenta que a los afectados por un ___4___ con suspensión de empleo, según la metodología que se aplica en la EPA, ___5___ considera ocupados", explica el INE.

El número de parados ha descendido este trimestre en 3.100 personas. La vicepresidenta tercera y ministra de Asuntos Económicos y Transformación Digital, Nadia Calviño, ha afirmado que los datos del cuarto trimestre ___6___ "positivos" y mejores que las previsiones del ejecutivo y los organismos nacionales e internacionales, ___7___ ha explicado en un encuentro informativo organizado por *Nueva Economía* y recogido por Europa Press.

La EPA también dibuja un panorama sombrío dentro del colectivo de autónomos. El número de trabajadores y trabajadoras por ___8___ propia ha caído en casi 20.000 personas (19.800) respecto al mismo trimestre de 2019. Esto significa, según la Unión de Asociaciones de Trabajadores Autónomos y Emprendedores (UATAE), que el trabajo autónomo ___9___ un retroceso importante en el último año ___10___ la pandemia.

"Estos datos confirman el esfuerzo ___11___ de los autónomos por ___12___ en la recta final del año". Detrás del incremento respecto a los tres meses anteriores "hay una realidad de extrema precariedad, intermitencia en la actividad y bajada drástica en los ingresos", especialmente en los sectores más ___13___ las limitaciones de la pandemia como la hostelería, el comercio minorista, algunas actividades del transporte o los eventos y espectáculos, destaca la secretaria general de la UATAE, María José Landaburu. "No es solo que la pandemia ___14___ casi 20.000 autónomos, es que ahora el colectivo es más vulnerable y precario", concluye.

Texto adaptado de "lamarea.com" y distribuido con la misma licencia CC-BY-SA. https://www.lamarea.com/2021/01/28/la-pandemia-dispara-los-hogares-con-todos-sus-miembros-en-paro/

OPCIONES

1. a) más grande   b) mayor   c) superior

2. a) en paro   b) al paro   c) en parada

3. a) con inicio en   b) desde   c) desde hacía

4. a) ERTE   b) URTE   c) ORTE

5. a) se lo   b) se les   c) se le

6. a) se quedan   b) están   c) son

7. a) según   b) aunque   c) pero

8. a) tarea   b) cuenta   c) labor

9. a) sufra   b) sufro   c) sufre

10. a) gracias a   b) a pesar de   c) a consecuencia de

11. a) titán   b) infrahumano   c) sobrehumano

12. a) resistir   b) desistir   c) resistirse

13. a) activos por   b) expuestos a   c) favorecidos por

14. a) haya cobrado   b) cobre   c) se haya cobrado

RESPUESTAS - TEXTO Nº 4									
1b	2a	3c	4a	5b	6c	7a	8b	9c	10c
11c	12a	13b	14c						

TEXTO Nº 5

INSTRUCCIONES

Lea el texto y rellene los huecos con la opción correcta (a / b / c).

ARGENTINA, A LA VANGUARDIA EN LAS RESTITUCIONES

Desde 2004, Argentina ha restituido a sus países de origen unos 5.000 bienes culturales confiscados en su territorio. Las razones de esta nueva política ___1___ un mayor reconocimiento del arte de las civilizaciones precolombinas y la ___2___ de una ley que protege el patrimonio arqueológico y paleontológico.

Con un 88% de objetos recuperados, el Perú, uno de los países más afectados ___3___ este tráfico ilegal, encabeza la lista de los estados a los que Argentina restituye objetos patrimoniales, seguido por Ecuador, que recibe el 9% de las devoluciones. En 2016, unos 439 objetos robados del patrimonio ecuatoriano y 4.150 del peruano ___4___ devueltos a sus países de origen. Las ___5___ restituciones estuvieron relacionadas con Bolivia, Paraguay y España. ___6___ en este último caso, se trató de la restitución de los mapas confeccionados por Claudio Ptolomeo, astrónomo, matemático y geógrafo griego, ___7___ en 2007 de la Biblioteca Nacional de España por un hombre que dijo ser "investigador". Dos de los mapas robados se hallaron en Argentina, país donde residía. Ambos mapas fueron devueltos a España en 2007.

___8___ en este último caso, ___9___ frecuente que el tráfico ilícito de bienes culturales utilice circuitos laberínticos ___10___ de las fronteras y los océanos. "Por eso, las víctimas denuncian estos hechos en sus países mientras los objetos robados se comercializan en otros, ___11___ que no facilita el trabajo de los investigadores", comenta Marcelo El Haibe, comisario argentino de la Interpol. El agente calcula que este tráfico representa cerca de 6.500 millones de dólares anuales.

Para lograr buenos resultados, las operaciones policiales requieren a menudo de la colaboración entre las policías de los diferentes países, ___12___ también de estimaciones exteriores para identificar los objetos.

"No trabajamos solos, sino ___13___ con otros organismos, como el Instituto de Antropología y Pensamiento Latinoamericano (INAPL) o el Museo Argentino de Ciencias Naturales Bernardino Rivadavia, si se trata de piezas paleontológicas. El éxito es fruto del compromiso de un trabajo interdisciplinario", afirma Marcelo El Haibe.

La última operación exitosa data de 2019. Se trataba de 115 documentos redactados entre 1824 y 1900, valorados en 10.000 dólares estadounidenses, que estaban a la venta en un comercio de Buenos Aires. Al cierre de este artículo ___14___ estaban próximos a ser devueltos al Perú.

Irene Hartmann

Texto adaptado de "El Correo de la UNESCO" y distribuido con la misma licencia CC-BY-SA. La presente publicación no es una publicación oficial de la UNESCO y no debe considerarse como tal. https://es.unesco.org/courier/2020-4/argentina-vanguardia-restituciones

OPCIONES

1. a) sonb) estánc) aluden

2. a) revocaciónb) derogaciónc) promulgación

3. a) porb) ac) sobre

4. a) estuvieronb) fueronc) estarían

5. a) únicasb) demásc) meras

6. a) Entoncesb) No obstantec) Por ejemplo

7. a) sustraídosb) restituidosc) contraídos

8. a) Visto queb) Comoc) Aunque

9. a) esb) estéc) resulte

10. a) más alláb) más allíc) más

11. a) estob) esoc) algo

12. a) aunqueb) a su pesarc) sino

13. a) puño a puñob) codo a codoc) dedo a dedo

14. a) luegob) yac) así pues

RESPUESTAS - TEXTO Nº 5									
1a	2c	3a	4b	5b	6c	7a	8b	9a	10a
11c	12a	13b	14b						

SIELE C1 - DELE C1 - 2021

TEXTO Nº 6
INSTRUCCIONES

Lea el texto y rellene los huecos con la opción correcta (a / b / c).

DESPERDICIO ALIMENTARIO

Si alguien decide iniciar una pequeña investigación sobre el desperdicio de comida, lo primero que __1__ viene a la cabeza es buscar en Google "desperdicio de comida" y sorprenderse con __2__ de más de cuatro millones de entradas sobre el tema. El despilfarro alimentario sigue siendo __3__ que, también en tiempos de pandemia, nos azota.

Cuando se habla de sostenibilidad, nunca imaginamos las implicaciones que tiene en nuestro entorno __4__ echarse a perder una mandarina, o ese trocillo de pan duro que desechamos, o ese medio tomate que aparece sorpresivamente mutado en una nueva forma de vida en un rincón de la nevera.

Nuestros comportamientos irresponsables, en relación con la alimentación, parecen __5__ un pecado venial en lo que a nuestras preocupaciones ecológicas se refiere, y ni mucho menos pensamos en que desperdiciar alimentos supone, __6__, un gasto económico brutal. "Una tercera parte de la producción mundial de alimentos para consumo humano se pierde o desperdicia en la cadena de producción __7__ llega a la cocina de nuestros hogares" podemos leer en *National Geographic*.

__8__ ha pasado el confinamiento terrible de marzo, con sus asaltos a los supermercados y sobredosis de levadura. El __9__ en nuestras vidas de la COVID-19 nos ha puesto boca abajo y nos ha hecho replantearnos todo. __10__, ¿los cambios que ha

27

propiciado la pandemia nos han hecho mejores?

Claro que nadie ___11___ que la pandemia haya causado pérdidas económicas tan dolorosas como impactantes, y nadie puede dudar de que han vuelto las colas del hambre, para vergüenza de nuestra sociedad; pero desechar un trozo de queso sigue siendo *peccata minuta*.

___12___ los largos días del confinamiento vimos la importancia de aprovechar las sobras, de no tirar nada porque no podíamos salir alegremente a comprar cuanto nos apetecía día a día, pero ahora, volvemos a las ___13___ y continuamos despilfarrando alimentos.

___14___ la reducción del despilfarro de alimentos es uno de los Objetivos de Desarrollo Sostenible (ODS), seguimos actuando con indolencia en este tema. Tener en cuenta los recursos que se necesitaron para la producción de los alimentos y la contaminación que produce su desperdicio es fundamental para tomar conciencia del problema.

Inma Contreras

Texto adaptado de "elsaltodiario.com" y distribuido con la misma licencia CC-BY-SA. https://www.elsaltodiario.com/consumo-que-suma/desperdicio-alimentario-aun-en-medio-de-una-pandemia

OPCIONES

1. a) se le b) se la c) se lo
2. a) la frigidez b) el frío c) la friolera
3. a) un lacre b) una lacra c) un lacrado
4. a) el que dejamos b) lo que dejemos c) el que dejemos
5. a) ser b) estar c) quedar
6. a) además b) el año pasado c) según
7. a) después de que b) hasta que c) tan pronto como
8. a) Ya b) Siempre c) Hace tiempo
9. a) revelado b) revuelto c) revulsivo
10. a) Antes b) No obstante c) Al contrario
11. a) neguemos b) niegue c) niega
12. a) Mientras b) Durante c) Antes de
13. a) andadas b) hondonadas c) añadas
14. a) A veces b) Si bien c) A causa de

RESPUESTAS - TEXTO Nº 6									
1a	2c	3b	4c	5a	6a	7b	8a	9c	10b
11c	12b	13a	14b						

TEXTO Nº 7

INSTRUCCIONES

Lea el texto y rellene los huecos con la opción correcta (a / b / c).

CARNAVAL EN NUEVA ORLEANS

Los indios del Martes de Carnaval son una de las tradiciones menos conocidas del carnaval de Nueva Orleans, en el sur de Estados Unidos. Cada año en febrero, o a principios de marzo, unas cuarenta "tribus" ___1___ en combates simbólicos, rivalizando ___2___ con cantos y danzas rituales, y con la exuberancia de sus trajes inspirados ___3___ las vestimentas ceremoniales de los indios de las llanuras. ___4___, las comunidades afroamericanas rinden homenaje a los indios que acogieron a los esclavos fugitivos en los pantanos de Luisiana.

Excluidos de las festividades del *Mardi Gras*, una tradición importada a Luisiana por los franceses en siglo XVII, los barrios negros de Nueva Orleans ___5___ sus propios festejos. Las primeras "tribus" de *Black Indians* se formaron ___6___ del siglo XIX. Para un esclavo negro liberado convertirse ___7___ "indio" era una forma de afirmar su dignidad y manifestar admiración ___8___ la resistencia de los indios a la dominación blanca.

Decorados con cientos de miles de cuentas, ___9___ y brillos, los atavíos, con tocados de plumas de avestruz de colores brillantes, pueden pesar hasta 70 kg. Confeccionados enteramente a mano, requieren un año de trabajo. La casa del "gran jefe" es ___10___ un centro de operaciones ___10___ un taller de costura, donde las largas sesiones de ___11___ de las cuentas son propicias para la transmisión oral de muchas historias. Los miembros de estas "tribus" ascienden paso a paso en la jerarquía de una compleja organización social, en ___12___ la reina ocupa un lugar cada vez más importante.

La música desempeña un papel central en los desfiles de los indios negros. ___13___ avanzan al ritmo de la percusión, las "tribus" utilizan la "llamada y respuesta", una estructura binaria que consiste en un diálogo entre el solista y su grupo. El canto de las plantaciones, que es una forma musical ___14___ de África, también es una de las fuentes del jazz. Con el tiempo, esta tradición se ha extendido a otras celebraciones a lo largo del año, como el Día de San José o el Festival de Jazz y Patrimonio de Nueva Orleans.

Katerina Markelova

Texto adaptado de "El Correo de la UNESCO" y distribuido con la misma licencia CC-BY-SA. La presente publicación no es una publicación oficial de la UNESCO y no debe considerarse como tal. https://es.unesco.org/courier/2021-1/nueva-orleans-barrios-negros-rinden-homenaje-indios-llanuras

OPCIONES

1. a) compiten   b) competen   c) compitan

2. a) consigo   b) para sí   c) entre sí

3. a) para   b) en   c) a

4. a) Sin embargo   b) Si bien   c) De esta manera

5. a) desarrollaron b) rechazaron   c) arruinaron

6. a) final   b) en fin   c) a finales

7. a) de   b) en   c) para

8. a) por   b) para   c) contra

9. a) lentejas   b) lentillas   c) lentejuelas

10. a) tanta .... como   b) tanto .... como   c) tan .... que

11. a) calcetado   b) molido   c) enhebrado

12. a) quien   b) el que   c) la que

13. a) Mientras   b) Desde que   c) Antes

14. a) naciente   b) oriunda   c) perteneciente

Enhebrar npega Beza

RESPUESTAS - TEXTO Nº 7									
1a	2c	3b	4c	5a	6c	7b	8a	9c	10b
11c	12c	13a	14b						

elegir - назначали to appoint

fogar -

caduco - истекший срок expired остаpíл

un caduco - lectropia старая ley.

garabato - gpacкации.

sedondo - кроли

lavadero - нефтяно мойеные

pericia a algo

al contrario que tú..., yo

borrón-

TEXTO Nº 8

INSTRUCCIONES

Lea el texto y rellene los huecos con la opción correcta (a / b / c).

SUS MANÍAS

En la cocina del piso donde crecí hay un reloj de pared. Anclado a los azulejos, presidiendo un muro casi vacío y casi blanco contra el que se levanta la mesa de comer, el reloj mira de frente a la campana extractora como si ___1___ conchabados. Todo el mundo sabe que, para cocinar bien, no bastan ni la calidad de los ingredientes ni ___2___ al combinar sus sabores; las artes culinarias responden, especialmente, al buen manejo de los tiempos.

A tres pasos del señor redondo que controla desde su posición los fogones, ___3___ otro caduco que lo complementa: el calendario. Este, colgado en el rincón que da paso al lavadero, aguanta estoicamente su papel secundario y las múltiples intervenciones que sufre sin piedad: cortes de hojas cuando el mes se acaba, ___4___ que destacan los días festivos o pequeñas notas que avisan de una cita médica. Suele ser de propaganda ("Talleres Manolo"), débil por naturaleza y, ___5___ su compañero, no necesita pilas.

Los dos, ___6___ aptos para una medición certera, han perdido hoy la función de su existencia, tal vez ni sigan allí: el borrón de la pandemia me impide comprobarlo.

El tiempo tiene sus manías. No es un secreto que, consciente de su protagonismo, nos envía señales relacionadas con los ciclos de la naturaleza, y otras construidas a su alrededor por las manos de quien ___7___ necesita para gestionar tanto ruinas como rutinas.

La Semana Santa, con sus espectaculares procesiones y un olor penetrante a incienso, también es capricho de ese tiempo al que sujetamos con chinchetas, o al que decidimos llevarle flores si los muertos o los enamorados de San Valentín lo ___8___.

Hemos quedado con alguien especial, pero, sobre todo, hemos quedado con el tiempo y ___9___ hemos prometido bautizarlo, moldearlo y encasillarlo, tal vez ornamentarlo, por el absurdo hábito de ___10___ vivos, en la mejor y más necesaria compañía posible, respirando por el canal que siempre conduce a los otros. Sin embargo, ___11___ hace casi un año, el tiempo ha burlado todos los códigos de conducta.

A menudo compruebo obsesivamente el ritmo de vacunación ___12___ espera un milagro. Ese mapa coloreado en distintas tonalidades de verde determina ahora la matemática de lo probable a la que antes jugaban el reloj de la cocina y el calendario rústico que Manolo ___13___ regalarnos. Por su carácter intangible circulan los sueños de poder salir, visitar a seres queridos o viajar libremente. Unos sueños que solían ___14___ de la pared de la cocina en ausencia de pantallas.

Azahara Palomeque

Texto adaptado de "lamarea.com" y distribuido con la misma licencia CC-BY-SA.
https://www.lamarea.com/2021/02/17/sus-manias/

OPCIONES

1. a) estuvieran   b) fuesen   c) sean

2. a) el peritaje   b) la pericia   c) la perita

3. a) erige   b) se erige   c) se erija

4. a) pólizas   b) pomos   c) garabatos

5. a) además de   b) como   c) al contrario que

6. a) antaño   b) ahora   c) en el futuro

7. a) la   b) lo   c) se

8. a) exijan   b) requieran   c) requieren

9. a) le   b) lo   c) la

10. a) ser   b) estar   c) llevarnos

11. a) desde   b) donde   c) durante

12. a) como quien   b) como si   c) como cuando

13. a) contuvo bien   b) sostuvo mal   c) tuvo a bien

14. a) amarillear   b) caer   c) pender

RESPUESTAS - TEXTO Nº 8									
1a	2b	3b	4c	5c	6a	7b	8c	9a	10b
11a	12a	13c	14c						

TEXTOS PARA EL SIELE

(NIVEL C1)

TAREA 5 - COMPRENSIÓN DE LECTURA

BIBLIOTECA ELE

B | E

BIBLIOTECA
ELE

ERTE - expediente de Regulación Temporal de Empleo
propiciarse - to win to gain
propiciar - posibilitar
llana - mambo

TEXTO Nº 9

INSTRUCCIONES

Lea el texto y rellene los huecos con la opción correcta (a / b / c).

EL EMPOBRECIMIENTO DE LOS HOGARES

La supervivencia se complica para miles y miles de familias. La pandemia ha aumentado el número de hogares sin __1__ de origen laboral; unas familias que deben soportar, además, la subida de los precios de bienes básicos como los alimentos o la electricidad. Las ayudas del gobierno, como el __2__ extraordinario de desempleo, no terminan de llegar o, cuando lo hacen, resultan insuficientes. Esta es la conclusión del informe realizado por los Servicios Económicos del sindicato español Comisiones Obreras (CC OO).

Productos imprescindibles como las frutas frescas y refrigeradas han experimentado __3__ del 9,6%, __4__ el azúcar es ahora un 6,8% más caro que hace un año. __5__ ocurre con alimentos de primera necesidad, como la carne seca, salada o ahumada, la carne de ovino, porcino y de ave, la cerveza, el pescado fresco y congelado, cuyos precios han subido mucho más que el IPC.

La desescalada de finales de primavera y verano propició una leve recuperación, que no tardó en torcerse con la segunda y tercera ola de la pandemia. La moderación de los salarios es otro de los factores, junto con los ERTE y la subida del paro, que explican el progresivo empobrecimiento de las familias españolas.

Entre los convenios colectivos registrados en 2021, que cubren a tres millones de trabajadores, se recoge una subida media salarial del 1,44%. Sin embargo, la congelación del Salario Mínimo Interprofesional ___8___ el poder adquisitivo.

El efecto de los ERTE se ha notado y estos han evitado que las consecuencias de la crisis ___9___ mucho peores, al menos por ahora.

___10___ la crisis social y la caída de la actividad y del turismo, el precio de la vivienda en propiedad no ha dejado de crecer, indican desde el Gabinete Económico. El progresivo empobrecimiento de las familias españolas no ha podido ser atajado por las medidas de protección social adoptadas ___11___ el gobierno: "No solo no han conseguido rebajar el alto volumen de hogares pobres del que se partía antes de la pandemia, ___12___ que tampoco han conseguido evitar su aumento de manera importante". El ingreso mínimo vital, que debía llegar a uno 850.000 hogares, solo beneficia de momento a unos 160.000 debido al alto grado de exigencia en la justificación administrativa para conseguirlo, que contrasta con el aligeramiento de trámites burocráticos que el Gobierno prepara para hacer llegar los fondos europeos a las empresas.

Texto adaptado de "elsaltodiario.com" y distribuido con la misma licencia CC-BY-SA. https://www.elsaltodiario.com/pobreza/empobrecimiento-hogares-ensancha-moderacion-salarial-subidas-luz-alimentos

SIELE C1 - DELE C1 - 2021

OPCIONES

1. a) líquidos   b) efectivos   c) ingresos

2. a) subsidio   b) ahorro   c) sufragio

3. a) un inflado   b) una inflación   c) una acción

4. a) así   b) mientras que   c) por consiguiente

5. a) Lo mismo   b) El mismo   c) La misma

6. a) ICC   b) IPC   c) ISC

7. a) contradicen   b) expliquen   c) explican

8. a) ha lastrado   b) ha impulsado   c) ha vertido

9. a) serán   b) estén   c) sean

10. a) Gracias a   b) A pesar de   c) Según

11. a) para   b) sin   c) por

12. a) si no   b) sino   c) pero

RESPUESTAS - TEXTO Nº 9								
1c	2a	3b	4b	5a	6b	7c	8a	9c	10b
11c	12b								

vaticinar - przepowiadać
hito - milestone
marcar un hito en la historia.
andado - zrobione
andar - chodzić

TEXTO Nº 10

INSTRUCCIONES

Lea el texto y rellene los huecos con la opción correcta (a / b / c).

LAS FRONTERAS, CADA VEZ MÁS MÓVILES

Tras la caída del Muro de Berlín en 1989, muchos vaticinaron la desaparición de las fronteras. La realidad ha sido muy diferente. __1__ desaparecer, las fronteras se han metamorfoseado en barreras móviles y artificiosas, desvinculadas de sus coordenadas geográficas y susceptibles de extenderse __2__ fuera __2__ dentro de las líneas de demarcación asignadas a los territorios de los distintos países. Desligándose de los __3__ geográficos fronterizos establecidos físicamente, los poderes estatales han creado un nuevo modelo de "fronteras móviles".

Este tipo de fronteras no son barreras físicas ancladas en el tiempo y el espacio, __4__ más bien murallas jurídicas. La tendencia a establecer fronteras móviles se ha acelerado con las medidas adoptadas para contrarrestar la última pandemia mundial.

Hoy en día, se ha llegado a imponer que los trámites obligatorios para poder entrar en un territorio nacional __5__ en centros de tránsito situados en países extranjeros, a miles de kilómetros de la frontera real del país de destino. Por ejemplo, durante la pandemia de COVID-19, el gobierno de Canadá prohibió que todos los individuos con síntomas de esta enfermedad __6__ en aviones destinados a aterrizar en su territorio. Con esa medida, este país extendió sus fronteras hacia el extranjero, al desplazar el

45

ejercicio de su ___7___ de control fronterizo a puntos de acceso situados en otros países, asiáticos y europeos principalmente.

Es obvio que la gestión de la movilidad va a ser objeto de una gran modificación ___8___ no se encuentre una vacuna contra el coronavirus. De ___9___ conocido por sus estrictos procedimientos de control, el Aeropuerto Internacional Ben Gurión (Israel), está elaborando un sistema de registro de pasajeros y ___10___ de equipajes sin intervención de agentes humanos. Su finalidad es agrupar a los viajeros exentos de coronavirus y crear zonas aisladas o "___11___" en las que puedan reanudar sus viajes. Solo se permitirá circular por los corredores asépticos así creados a las personas que ___12___ en buen estado de salud.

Estos nuevos procedimientos suscitan importantes interrogantes tanto en el plano ético como en el jurídico. El hecho de gozar de buena salud va a ser una ventaja inestimable, o incluso una condición previa, para poder viajar.

Ayelet Shachar

Texto adaptado de "El Correo de la UNESCO" y distribuido con la misma licencia CC-BY-SA. La presente publicación no es una publicación oficial de la UNESCO y no debe considerarse como tal. https://es.unesco.org/courier/2020-3/fronteras-cada-vez-mas-moviles-e-invisibles-siguen-siendo-autenticas-barreras

OPCIONES

1. a) Gracias a   b) En vez de   c) Además de

2. a) tan .... que   b) tanto .... que   c) tanto .... como

3. a) hitos   b) mitos   c) pitos

4. a) sino   b) si no   c) tampoco

5. a) cumplan   b) se cumplen   c) se cumplan

6. a) embarcaran   b) embarcaron   c) embarcarían

7. a) laxitud   b) potestad   c) pusilanimidad

8. a) hasta que   b) si   c) a medida que

9. a) Entonces   b) Tampoco   c) De sobra

10. a) factura   b) facturación   c) facturas

11. a) pompas   b) burbujas   c) ampollas

12. a) estén   b) sean   c) demuestren

[Handwritten notes:]
laxitud – ampararse
potestad – legal authority
pusilanimidad –
potestad legislativa
objeto de modificación – subject of change
finalidad = objetivo, fin.

BIBLIOTECA ELE

RESPUESTAS - TEXTO Nº 10										
1b	2c	3a	4a	5c	6a	7b	8a	9c	10b
11b	12a								

impronta — ужасная маркa.
sumergirse зануриам @
sumergirse en trabajo
rasgo — характеристика
discernir различавам
suscitar — провокирам, възбуждам.
deducir — правя извод.
agudo — остър рязък.
tenso = nervioso — стегнат напрегнат
robusto — здрав силен як
aventajada — outstanding excellent
corpulencia — грамавост.
aventajar to be ahead of.

TEXTO Nº 11

INSTRUCCIONES

Lea el texto y rellene los huecos con la opción correcta (a / b / c).

UNA VOZ INVISIBLE

La voz de un locutor suscita en quien la escucha una corriente de emociones. La voz que brota de la radio imprime una huella auditiva bien definida en el ánimo del oyente, una impronta conformada ___1___ por la representación física y psicológica del locutor ___ por el contenido de su mensaje.

Cuando el oyente escucha la radio, tiene la impresión de que establece un vínculo con el locutor y ___2___ en sus frases. Ese nexo y esa inmersión ___3___ de orden psicológico. Experimentamos una sensación de bienestar al establecer un vínculo sólido con el locutor y relacionarnos con su discurso.

La persona que escucha deduce diversos rasgos ___4___ habla. Los estudios al respecto demuestran que los oyentes tienen una capacidad singular para ___5___ ciertas características, tales como la edad, el sexo, e incluso la talla y el peso, ___6___ estos últimos sean algo más difíciles de precisar.

En la radio, se perciben las voces agudas como si fueran emitidas por personas tensas, distantes, frías y débiles. En cambio, una voz grave suele asociarse ___7___ un aspecto físico robusto, una estatura aventajada, cierta corpulencia y un cabello oscuro. Pero el factor esencial, el que justifica nuestra preferencia por las voces

49

graves, es que estas transmiten una sensación de credibilidad, madurez y dominio.

___8___ que los locutores de radio usan sus voces influye fuertemente en las emociones y las intenciones que transmiten. Se trata de la ___9___, o melodía de la palabra, sabia mezcla de entonación, acento, velocidad de elocución y pausas periódicas. La primera regla consiste en evitar los extremos: la monotonía y la excitación excesiva. Un tono monótono provoca directamente la pérdida de atención. En cambio, un tono sobreexcitado, ___10___ enfático, sigue una melodía aguda y ascendente, que se repite a intervalos regulares. Esta entonación ___11___ muy frecuente en los anuncios publicitarios y los boletines informativos de la radio.

Gracias a un adiestramiento vocal adecuado, los locutores de la radio pueden suscitar en la mente de sus oyentes imágenes e impresiones, y transmitir las intenciones y emociones que desean provocar. ___12___ basta con que nos dejemos llevar por sus voces. *De modo que*

Emma Rodero

Texto adaptado de "El Correo de la UNESCO" y distribuido con la misma licencia CC-BY-SA. La presente publicación no es una publicación oficial de la UNESCO y no debe considerarse como tal.

https://es.unesco.org/courier/2020-1/voz-invisible

suscitar algo en la mente de alguien
provocar

adiestramiento lingüístico

OPCIONES

1. a) tanta .... que   b) tan .... como   c) tanto .... como

2. a) se sumerge   b) se sumerja   c) sumerge

3. a) están   b) son   c) quedan

4. a) de la que   b) de los que   c) de que

5. a) olvidar   b) rememorar   c) discernir

6. a) así   b) aunque   c) a causa de que

7. a) con   b) por   c) para

8. a) La manera en   b) La forma de   c) El modo por

9. a) parodia   b) rapsodia   c) prosodia

10. a) poco   b) demasiado   c) nada

11. a) es   b) surge   c) aparece

12. a) Si bien   b) Sin embargo,   c) De modo que

RESPUESTAS - TEXTO Nº 11										
1c	2a	3b	4a	5c	6b	7a	8a	9c	10b
11a	12c								

TEXTO Nº 12

INSTRUCCIONES

Lea el texto y rellene los huecos con la opción correcta (a / b / c).

LIBROS DE OCASIÓN

Las librerías de segunda mano dan una nueva oportunidad a miles de ejemplares que llegan hasta sus estanterías. Por ___3___ razones, entre las que prima el espacio que ocupan, dichas obras dejan de ser necesarias y pasan a ser una carga de la que hay que desprenderse. ___ esto ya no es un problema porque pueden tener una nueva oportunidad.

A todos nos encantan los libros nuevos y lustrosos. Tomos con páginas blancas bien lisas y con su característico olor, fruto de la mezcla del papel, tintas y pegamento. Pero puede que este aspecto exterior no ___ a eclipsar el encanto que tienen los ejemplares con unos cuantos años en sus lomos. Obras que han sido ___4___ de una nueva oportunidad para llegar a otras casas y ___5___ seguir siendo útiles.

Y es que estos establecimientos comerciales se presentan como los lugares en los que salvar a los libros de un final atroz y, en ocasiones, desesperado. Espacios que son capaces de acercar infinidad de ejemplares a personas que de ningún otro modo podrían ___6___.

De las librerías de viejo me gusta todo: la atención recibida por los profesionales que están al frente de ellas, las estanterías repletas

53

de obras conocidas y por conocer, el ahorro significativo que supone comprar a un menor coste… Si ___tuviera___ que destacar lo que más me gusta de ellas, no sabría por dónde empezar:

Los ejemplares que se encuentran en este tipo de comercios son muy baratos. Además, son múltiples las librerías que preparan lotes y grandes ofertas que permiten llevarse mayor cantidad de volúmenes a un coste menor. Entrar en una librería de segunda mano es salir, sí o sí, con unas cuantas ___8___ *gangas* bajo el brazo.

Si caminamos entre grandes estanterías repletas de sabiduría daremos con auténticas joyas, como libros antiguos, raros, descatalogados y primeras ediciones. ___9___ algunos podrían estar dedicados por sus propios autores. Recuerdo que hace unos años alguien compró un libro en una tienda de segunda mano ___10___ un precio irrisorio y luego resultó que ___11___ *valía* una fortuna porque ___12___ *estaba* firmado por su autor.

Comprar libros de segunda mano es sinónimo de hacer un consumo responsable y minimizar el impacto medioambiental.

Julián Marquina

Texto adaptado de "julianmarquina.es" y distribuido con la misma licencia CC-BY-SA. https://www.julianmarquina.es/cosas-que-me-encantan-de-las-librerias-de-segunda-mano/

estas firmado por su autor.

SIELE C1 - DELE C1 - 2021

OPCIONES

1. a) ambas   b) diversas   c) inexistentes
2. a) Pese a   b) Por consiguiente   c) Pero
3. a) llego   b) llega   c) llegue
4. a) dadas   b) dotadas   c) desabastecidas
5. a) así   b) o sea   c) jamás
6. a) solicitar   b) conseguirlos   c) lograrlas
7. a) tuviera   b) tendría   c) fuese
8. a) taras   b) gangas   c) saldos
9. a) Varios   b) Si   c) Incluso
10. a) por   b) para   c) hacia
11. a) valían   b) haya valido   c) valía
12. a) proseguía   b) estaba   c) era

RESPUESTAS - TEXTO Nº 12									
1b	2c	3c	4b	5a	6b	7a	8b	9c	10a
11c	12b								

apostar por - закагам на.
entidad -
contar con - disponer de
hallarse = estar
hallarse enfermo
hallarse a gusto
Me hallaba a gusto en aquella casa.
hallar - намирам
hallarse dentro = намирам се у нещо
Subam zaer or
presupuesto - бюджет

Inminentemente - всеки момент
en lo sucesivo - отсега нататък

TEXTO Nº 13

INSTRUCCIONES

Lea el texto y rellene los huecos con la opción correcta (a / b / c).

BENIDORM APUESTA POR LA CULTURA

El Ayuntamiento de Benidorm ha decidido rehabilitar la plaza de toros, cerrada al público desde hace más de dos años por problemas estructurales, para ___1___ en una biblioteca central. También se construirá un centro para jóvenes y un edificio de usos múltiples, que funcionará como hotel para asociaciones y entidades.

La biblioteca central contará con múltiples espacios, entre ellos salas de estudios y salón de actos; habrá un centro de información juvenil, una sala polivalente, un aula de cocina y un centro multicultural y multifuncional con despachos y almacenes para asociaciones. Además, en el proyecto se incluye la creación de un escenario en las gradas de la plaza de toros y la ___2___ de un escenario fijo con equipamiento de sonido e iluminación.

El alcalde ha señalado que este proyecto "se ___3___ dentro de la Estrategia de Desarrollo Urbano Sostenible e Integrador (EDUSI) para la que Benidorm ha obtenido 10 millones de euros de fondos europeos, que completará con fondos de los ___4___ presupuestos municipales".

"El nuevo edificio va a resolver la accesibilidad y la conectividad de dos barrios eminentemente residenciales", ha añadido. El proyecto también va a mejorar y ampliar el espacio __5 peatonal__ de todo el entorno de la plaza de toros. Además, ha señalado que será la propuesta arquitectónica y constructiva la que establezca en __6 cuál__ de los dos edificios estarán todos los servicios previstos por el Ayuntamiento, así como el espacio que ocupará cada uno de ellos.

"Este gran proyecto es la síntesis de la apuesta de Benidorm por la cultura, por el asociacionismo, por la participación, por la creatividad, por el ocio y el desarrollo de nuestros jóvenes, por la multiculturalidad, por la relación intergeneracional, por la formación y por la integración", apuntó el alcalde. La consultora que __7 gane__ este concurso público tendrá un plazo de cuatro meses __8 para__ presentar ambos proyectos, __9 por lo que__ se espera que el Ayuntamiento pueda disponer de ellos a comienzos del verano.

De la plaza, construida en 1962, únicamente __10 seguían__ abiertos los locales que ocupan los conservatorios de música y danza. El ayuntamiento invirtió 52.000 euros en ___11___ para garantizar su seguridad. La plaza de toros de Benidorm fue inaugurada el 8 de julio de 1962 y cuenta __12 con__ un aforo de 10.160 espectadores. Hasta 2018 fue sede de numerosos eventos culturales y de ocio, desde el Festival de la Canción de Benidorm hasta festivales como el Low Cost.

Luna Izquierdo

Texto adaptado de "revista.lamardeonuba.es" y distribuido con la misma licencia CC-BY-SA. http://revista.lamardeonuba.es/benidorm-convertira-su-plaza-de-toros-en-una-biblioteca/

OPCIONES

1. a) conversión   b) convertirla   c) convertirlo
2. a) fundación   b) instalación   c) montaje
3. a) halla   b) haya   c) halle
4. a) sucesos   b) sucesivos   c) sucesorios
5. a) peatones   b) peatón   c) peatonal
6. a) cómo   b) donde   c) cuál
7. a) habría ganado b) gane   c) hubiese ganado
8. a) por   b) para   c) en
9. a) por la que   b) por lo que   c) por el que
10. a) sucedían   b) perseguían   c) seguían
11. a) arreglarlos b) arreglarlas   c) arreglar
12. a) de   b) con   c) en

RESPUESTAS - TEXTO Nº 13									
1b	2b	3a	4b	5c	6c	7b	8b	9b	10c
11a	12b								

ardua tarea
bajo ningún concepto при никакви обстоятелства
prescindir de - to dispense with - да се
отказва напълно от нещо.

TEXTO Nº 14

INSTRUCCIONES

Lea el texto y rellene los huecos con la opción correcta (a / b / c).

BOSQUES URBANOS

Cientos de ciudades de todo el mundo han aceptado y entendido que luchar ___1___ el cambio climático no es una elección sino una obligación. De hecho, en esta ardua tarea de salvar el medio ambiente, muchos países ___2___ han impuesto férreas leyes y medidas para concienciar a la ciudadanía en materia de ecología. Además, en muchos de ellos se han creado aplicaciones e iniciativas para motivar a los ciudadanos a que cambien sus hábitos y se sumen al modelo de vida sostenible que permitirá, en el futuro, tener un mundo mejor y una mejor ___3___ de vida.

Para conseguir este modelo de sostenibilidad hay una figura que cada vez es más habitual en los planes de remodelación de las ciudades: los bosques urbanos.

___4___ un estudio publicado por la Organización de las Naciones Unidas (ONU), los planificadores urbanos de las grandes urbes del mundo no deben, bajo ___5___ concepto, prescindir de los árboles y zonas verdes en las ciudades debido al gran impacto que tienen en la disminución de dióxido de carbono. Para mantener esta recomendación se han creado los llamados bosques urbanos que son, en sí mismos, espacios verdes construidos por el hombre ___6___ favorecer un ambiente sano en las ciudades, con una gran variedad de flora y fauna que permita disminuir los niveles de contaminación ___7___ altos ___8___ se registran en

61

BIBLIOTECA ELE

las urbes. De hecho, cada vez ___8___ más los países que se suman a su implementación, ya que se les considera unos elementos imprescindibles en la lucha para frenar el cambio climático.

Otro objetivo de los bosques urbanos es el de habilitar zonas verdes en las que el aire que se respire sea, en su mayoría, puro. ___9___, los bosques urbanos se convertirían en los mejores espacios para realizar deporte; ___10___ podrían llegar a ser puntos claves para la reactivación económica de muchos lugares, debido a la ___11___ oferta de posibilidades que ofrecen.

Algunos de los bosques urbanos más conocidos son, por ejemplo, el Bankside Urban Forest de Londres o el Pittsburgh Urban Forest, ambos en Reino Unido.

Por fortuna, la capital de España se encuentra trabajando en un ___12___ proyecto que tiene como objetivo levantar uno de los bosques urbanos más grandes de Europa. Llevará por nombre "Bosque Metropolitano" y aspira a ser el nuevo pulmón verde de Madrid.

Carlos Ventura

Texto adaptado de "revista.lamardeonuba.es" y distribuido con la misma licencia CC-BY-SA.

http://revista.lamardeonuba.es/el-pulmon-de-la-ciudad

OPCIONES

1. a) en contra   b) por contra   c) contra
2. a) aunque   b) mientras   c) ya
3. a) calidez   b) calidad   c) cualidad
4. a) Si bien   b) Si   c) Según
5. a) cualquiera   b) ningún   c) ninguno
6. a) para   b) por   c) en
7. a) tanto .... como b) tan .... como   c) tan .... que
8. a) son   b) están   c) quedan
9. a) En modo alguno b) De este modo   c) Al contrario
10. a) tampoco   b) más   c) además
11. a) amplia   b) grande   c) escueta
12. a) ansioso   b) ambicioso   c) pernicioso

RESPUESTAS - TEXTO Nº 14									
1c	2c	3b	4c	5b	6a	7c	8a	9b	10c
11a	12b								

Cortina - штора завеса

incertidumbre -

la ver definitiva

resguardo - убежище

resguardarse - [illegible] zación to take shelter

respirar hondo - дышать глубоко

atisbo - un atisbo de esperanza проблеск надежды

acecho -

ojeada -

arrasar con - уничтожить сносить to wash away

yacer - лежать быть мёртвым to lie

aquí yacen sus restos mortales.

trastero compartido

TEXTO Nº 15

INSTRUCCIONES

Lea el texto y rellene los huecos con la opción correcta (a / b / c).

NADA NOS PERTENECE, SOLO LA INCERTIDUMBRE

Quizá recordéis a mi amiga, la que había comprado unas cortinas hace unos meses. Ella ___1___ enseñaba mientras cenábamos. Estaba feliz porque su adquisición simbolizaba una mínima estabilidad después de varias mudanzas en menos de dos años. Mi amiga tenía la sensación de que aquella vez iba a ___2___ la definitiva y que aquellas cortinas serían una suerte de resguardo de tranquilidad mental; la semilla que permite dejar de ser nómada, parar y respirar ___3___.

Pero la pandemia arrasó con cualquier ___4___ de estabilidad y nos dejó más desnudos si cabe. Las cortinas ahora yacen guardadas en una caja en el fondo de un trastero que vale poco más de 100 euros al mes. Cajas apiladas que rozan el techo y que comparten espacio con las pertenencias de otras dos personas. Sí, tres amigos han abandonado Madrid de manera temporal en los últimos meses. No se plantean volver, ___5___ de momento.

Madrid es ahora una ciudad hostil, peligrosa para la salud, y no solo por el virus. Según el Observatorio de Emancipación del Consejo de Juventud en España, los jóvenes necesitaríamos un 105% del sueldo actual para poder pagar un alquiler medio en la capital. Una capital sin vida que nos expulsa y a la que parece que no vas a pertenecer jamás. Y en la que un trastero compartido es lo único que podrían ___6___ muchos.

Es insalubre vivir en un miedo perpetuo en el país con el mayor desempleo juvenil de toda la Unión Europea. La mitad de nosotros está en paro. No es que no ___7___ futuro, es que directamente no tenemos presente. Todo lo que nos rodea se halla sustentado sobre unos pilares ___8___ frágiles ___8___ cuesta distinguirlos de unos simples palillos.

Nos faltan demasiadas personas a nuestro alrededor. A muchos se los llevó el virus y a otros las consecuencias de un sistema que solo nos convierte ___9___ carne picada. Nos faltan amigos que no sabemos ___10___ van a volver, que no pueden plantearse pagar 400 euros por 10 metros cuadrados de falsa intimidad ante la falta de certezas.

Somos la España que no sueña más allá del mañana, la del horizonte cercano, ___11___ no puede dar pasos largos. Esa generación ___12___ padres fueron engañados por la fábula de *La cigarra y la hormiga*, y que ahora tienen que abrir la puerta de casa para volver a acoger a unos hijos e hijas que no pueden emanciparse.

Dani Domínguez

Texto adaptado de "lamarea.com" y distribuido con la misma licencia CC-BY-SA.
https://www.lamarea.com/2020/10/05/nada-nos-pertenece-solo-la-incertidumbre/

OPCIONES

1. a) se las   b) me los   **c) me las** ⟵
2. a) ser   b) estar   c) quedar
3. a) honda   b) hondón   c) hondo
4. a) ojeada   b) atisbo   c) acecho
5. a) tampoco   **b) al menos** ⟵ c) aún
6. **a) permitirse** ⟵ b) permitirlos   c) permitirles
7. a) tendremos   **b) tengamos** ⟵ c) tenemos
8. **a) tan .... que** ⟵ b) tan .... como c) tanto .... como
9. a) a   b) por   **c) en** ⟵
10. **a) cuando** ⟵   b) porque   **c) cuándo** ⟵ ¿vora?
    vorarzo
11. **a) la que** ⟵   b) quién   c) ninguna que
12. a) cuyas   **b) cuyos** ⟵   c) los cuales

certezas - cuzypuoor
lo puedo afirmar con toda certeza.

67

RESPUESTAS - TEXTO Nº 15

1c	2a	3c	4b	5b	6a	7b	8a	9c	10c
11a	12b								

GLOSARIO COVID-19

*Definiciones realizadas por BIBLIOTECA ELE
con la ayuda de Wikipedia y Wikcionario.*

Abreviaturas:
(m): sustantivo masculino
(f): sustantivo femenino
(inv): sustantivo o adjetivo invariable

TÉRMINO	DEFINICIÓN
A	
anticuerpo (m)	Proteína que reacciona de forma específica contra un determinado antígeno o sustancia extraña en la sangre. Su producción es una parte esencial de la respuesta inmune y permite luchar contra virus, bacterias o parásitos.
aplanar la curva	Estrategia de salud pública surgida como respuesta a la emergencia por COVID-19. El objetivo de aplanar la curva es ralentizar las infecciones.
aerosol (m) *(transmisión por aerosoles)*	Presencia en un gas (especialmente en el aire) de partículas sólidas o líquidas en suspensión o dispersión.
aforo (m)	Capacidad real o estimada de espectadores que caben en un determinado recinto de espectáculos como un teatro, un cine o un estadio.
aislamiento (m)	Circunstancia de poner o dejar algo separado o incomunicado de todo lo demás.

antígeno (m)	Cualquier sustancia capaz de provocar una respuesta inmunitaria.
asintomático/a	Que no presenta síntomas.
B	
brote epidémico (m)	Inicio de la propagación de una enfermedad epidémica.
bulo (m)	Noticia falsa cuya finalidad es negativa.
C	
cierre perimetral (m)	Prohibición para entrar o salir de una zona determinada con el fin de limitar los movimientos de las personas durante una epidemia.
confinamiento (m)	Aislamiento o restricción de movimientos de un grupo de personas por motivos de salud o seguridad.
confinar	Mantener a alguien en un sitio determinado.
contacto estrecho (m)	Persona que ha estado en el mismo lugar que una persona infectada, a menos de 2 metros y durante más de 15 minutos.
contagiar	Propagar una enfermedad por contagio.
contagio (m)	Acción o efecto de contagiar (transmitir un agente patógeno).
conviviente (inv)	Que vive con otro.
coronavirus (m)	Miembro de una familia de virus que infectan a animales y seres humanos. Su genoma consiste en una sola cadena de ARN.
COVID-19 (f)	Enfermedad infecciosa de las vías respiratorias causada por el virus SARS-CoV-2.
cribado (m)	Prueba médica que se realiza a un grupo de personas para detectar o descartar una dolencia.

cribar	Realizar una prueba médica a un grupo de personas para detectar o descartar una dolencia.
cuarentena (f)	Acción de aislar o apartar a personas o animales durante un período de tiempo, para evitar o limitar el riesgo de que extiendan una determinada enfermedad contagiosa.
curva (epidémica) (f)	Dentro de un gráfico de estadística, línea que muestra la variación de un fenómeno a lo largo de un conjunto de variables (en diferentes momentos, lugares, etc.).
D	
desescalada (f)	Reducción en la intensidad de las medidas utilizadas durante una crisis.
diagnóstico (m)	Reconocimiento de una enfermedad a partir de sus síntomas, el examen médico y los resultados de los análisis de laboratorio.
distanciamiento social (m)	Conjunto de medidas no farmacéuticas de control de las infecciones. Su objetivo es detener o desacelerar la propagación de una enfermedad contagiosa.
E	
epidemia (f)	Descripción del estado de salud comunitaria. Ocurre cuando una enfermedad afecta a un número de individuos superior al esperado en una zona y durante un tiempo determinado.
epidemiología (f)	Disciplina científica en el área de la medicina que estudia la distribución, la frecuencia y los factores determinantes de las enfermedades existentes en poblaciones humanas definidas.

epidemiólogo/a	Profesional especializado/a en epidemiología.
EPI (m)	Equipo de protección individual. Se compone de una bata que cubre todo el cuerpo hecha de material resistente, unas gafas para proteger los ojos, una o varias mascarillas, guantes y zapatillas.
ERTE (m)	Expediente de Regulación Temporal de Empleo. Procedimiento mediante el cual una empresa en una situación excepcional busca obtener autorización para despedir trabajadores, suspender contratos de trabajo o reducir jornadas de manera temporal, cuando la empresa atraviese por dificultades técnicas u organizativas que pongan en riesgo la continuidad de la compañía.
estado de alarma (m)	Régimen excepcional que se declara para asegurar el restablecimiento de la normalidad en una sociedad.
F	
falso negativo (m)	Error de exploración física o de prueba complementaria que da un resultado normal o no detecta una alteración, cuando en realidad el paciente sufre una enfermedad.
falso positivo (m)	Error de exploración física o de prueba complementaria que indica una enfermedad determinada, cuando en realidad no la hay.
fiebre (f)	Aumento patológico de la temperatura corporal.

G	
gel hidroalcohólico desinfectante (m)	Producto empleado para desinfectarse las manos y que detiene la propagación de gérmenes. La cantidad de alcohol en su composición varía entre el 60% y el 85%, siendo la cantidad más común un 70%.
grupo burbuja (m)	Unidad de convivencia escolar formada siempre por los mismos niños, sin la posibilidad de mezclarse con otros.

I	
incidencia (f)	Participación o influencia de un número de casos en un resultado, o en un conjunto de observaciones o estadísticas.
incidencia acumulada (f)	Número de casos nuevos de una enfermedad en una población determinada y en un periodo determinado.
incubación (f)	Desarrollo de una enfermedad por un organismo.
incubar	Desarrollar una enfermedad desde el contagio hasta la aparición de síntomas.
infección (f)	Invasión de gérmenes nocivos en el organismo.
infectar	Contagiar alguna enfermedad o agente infeccioso.
inmune (inv)	Respecto de ciertas enfermedades, que tiene protección contra ellas.
inmunidad (f)	Condición o carácter de inmune.
inmunidad de grupo (f) / inmunidad de rebaño (f)	Fenómeno bioestadístico que se observa en una población cuando parte de ella se ha hecho inmune a una enfermedad por contagio previo o porque ha sido vacunada.

M	
mascarilla (f)	Dispositivo diseñado para proteger al portador de la inhalación en atmósferas peligrosas como humos, vapores, gases, partículas en suspensión y microorganismos.
N	
nueva normalidad (f)	Situación en la que se incorporan nuevas medidas de protección necesarias para prevenir los contagios y minimizar el riesgo de repunte de una enfermedad, epidémica o pandémica.
P	
paciente (inv)	Persona que padece una enfermedad.
paciente cero (inv)	Primer caso de una enfermedad. Necesario para dar con un foco de infección o un brote epidémico.
pandemia (f)	Enfermedad que se extiende abarcando la mayor parte de la población de un territorio.
PCR (f) / test (m), prueba (f)	En inglés: *Polymerase Chain Reaction*. Prueba que se utiliza para el diagnóstico de enfermedades, tales como enfermedades infecciosas, cáncer y anormalidades genéticas.
policía de balcón (inv)	Persona que vigila escondida a los viandantes o a sus vecinos para saber si cumplen la ley.
prueba diagnóstica (f)	Examen que solicita el médico y que se le realiza al paciente tras una exploración física. Sirve para confirmar o descartar un diagnóstico clínico.

R	
rastreo de contactos (m)	Búsqueda que localiza a las personas que pudieron haber estado expuestas a un virus.
S	
secuela (f)	Lesión o afección que surge como consecuencia de una enfermedad o un accidente.
sistema inmunitario (m)	Conjunto de elementos y procesos biológicos que mantiene el equilibrio interno de un organismo frente a agresiones externas.
supercontagiador/a	Organismos, comúnmente personas, con una gran capacidad para transmitir virus y enfermedades infecciosas.
T	
teletrabajo (m)	Trabajo realizado en un lugar diferente a la sede de la empresa o negocio. Utiliza herramientas de telecomunicación.
test de antígenos (m)	Prueba realizada a través de una muestra nasal o de saliva y que detecta la proteína de un virus.
test serológico (m)	Análisis de sangre que detecta los anticuerpos que se producen al contacto con un virus.
toque de queda (m)	Prohibición o restricción, establecida por instituciones gubernamentales, de circular libremente por las calles de una ciudad o permanecer en lugares públicos, salvo excepciones de necesidad o urgencia.
tos (f)	Contracción espasmódica repentina y a veces repetitiva de la cavidad torácica que resulta en una liberación violenta del aire de los pulmones.

toser	Respirar de forma violenta liberando aire u otra sustancia de los pulmones.
transmisión comunitaria (f)	Propagación de una enfermedad sin que las personas infectadas sepan dónde ni cuándo se contagiaron.
tratamiento (m)	Conjunto de fármacos y procedimientos que se prescribe para curar o aliviar una dolencia.
V	
vacuna (f)	Sustancia orgánica o virus convenientemente preparado que, aplicado al organismo, hace que este reaccione contra origen de la infección, preservándolo de sucesivos contagios.
vacunar	Inocular un antígeno para desarrollar una inmunidad a un agente patógeno.
videoconferencia (f) / videollamada (f)	Comunicación simultánea de audio y vídeo, que permite mantener reuniones con grupos de personas situadas en lugares alejados entre sí.
virus (m)	Agente infeccioso compuesto de ácido nucleico rodeado por proteínas.

INFORMACIÓN FINAL

Si este libro te ha sido útil, por favor, **deja una buena valoración y un comentario** en la web de Amazon. Tu voto positivo nos ayudará a publicar nuevos manuales.

Recuerda que el equipo de BIBLIOTECA ELE puede seguir ayudándote en la preparación de tus diplomas de español. Si estás interesado/a en nuestras **clases particulares de cualquier nivel** (A1, A2, B1, B2, C1 y C2), contáctanos en:

correobiblioteca.ele@gmail.com

Contamos con un equipo experimentado de profesores nativos españoles. También corregimos redacciones y trabajos académicos a precios muy asequibles.

¡BUENA SUERTE CON EL SIELE Y EL DELE!

Vanesa Fuentes
Profesora de español y directora de BIBLIOTECA ELE

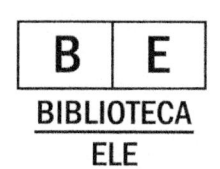

B	E

BIBLIOTECA ELE

Printed in Great Britain
by Amazon